LE NÉPOTISME EN ALGÉRIE

L'AFFAIRE BITOUN

LES MAIRES MÉDECINS DE PRISONS

L'AFFAIRE POULHARIÈS

L'AFFAIRE SALLES

CONSTANTINE

IE A VAPEUR ÉMILE MARLE (NICOLAS AUDRINO, DIRECTEUR)

1895

L'AFFAIRE BITOUN

L'AFFAIRE BITOUN

UN SOUFFLET A LA JUSTICE

MISE EN LIBERTÉ SCANDALEUSE

Le Républicain de Constantine, sous ce titre, dans son numéro du 26 septembre 1894, a dénoncé à l'opinion publique la mise en liberté scandaleuse d'une femme juive, la nommée Misseri Ymouna, condamnée par arrêt de la Cour d'assises de Constantine, pour complicité de vol qualifié, à la peine de cinq années de travaux forcés.

Il a protesté, comme il convenait, contre ce nouveau scandale. *Le Républicain* s'est élevé contre un pareil acte de favoritisme qui a pour résultat de *mettre à néant* et de fouler aux pieds un arrêt de Cour d'assises *définitif et irrévocable*.

Nous comprenons très bien que des *réductions de peine* soient accordées aux condamnés *qui méritent cette faveur*, mais nous ne pouvons admettre — et personne n'admettra avec nous — que, sur l'intervention d'un personnage politique quelconque, voire même d'un député *cachir*, on considère comme *non avenue*, une décision de justice *devenue définitive*.

Le mari de la femme Ymouna, un repris de justice dangereux, condamné par le même arrêt à *huit ans de travaux forcés*, attendait, il y a quelques mois, patiemment, *dans la prison de Constantine*, sa mise en liberté prochaine, alors que ce bandit eût dû être depuis plusieurs mois à la *Nouvelle, la condamnation le frappant étant intervenue le 5 avril 1894.*

On a protesté avec la dernière énergie contre la mesure de clémence injustifiable prise à l'égard de la femme juive Ymouna, mesure de clémence qui constitue la *suppression pure et simple* d'un arrêt émanant de la plus haute juridiction répressive : la Cour d'assises.

Nous devons établir les faits que nous avons relevés, qu'il faut considérer comme l'atteinte la plus grave qui se puisse porter au respect dû aux décisions de justice.

En ce qui touche la mise en liberté de la femme Ymouna Misseri, nous affirmons, une fois de plus, que cette *digne* épouse de Bitoun, courtier électoral à ses heures, *a été mise en liberté aussitôt après le verdict qui la condamnait à cinq ans,* tout le monde peut la voir se promenant dans les rues de Constantine, narguant ses victimes, les époux Toreilles.

Quant à son mari, il nous reviendra dans deux ans. Aujourd'hui c'est fait : Bitoun, condamné à huit ans de travaux forcés, a été gracié et sa peine a été commuée à celle de trois ans de prison !

En ce qui concerne la condamnation prononcée, nous ne pouvons mieux faire que de publier, dans toute sa teneur, l'arrêt de la Cour d'assises.

Voici ce document :

Extrait *des Minutes du Greffe de la Cour d'Assises de Constantine (Algérie).*

ARRÊT :

Vu l'arrêt rendu le seize février mil huit cent quatre-vingt-quatorze, par la Cour d'appel d'Alger, chambre des mises en accusation, lequel prononce le renvoi devant la Cour d'assises de Constantine, *sous l'inculpation de* COMPLICITÉ DE VOL QUALIFIÉ.

Des nommés :

1° MISSERI YMOUNA, âgée de 39 ans, ménagère, née à Philippeville, canton et arrondissement du dit, demeurant à Constantine, fille de feu Joseph et de feue Esther Bakiche, mariée, trois enfants, illettrée, non reprise de justice ;

2° BITOUN MARDOCHÉE, âgé de 56 ans, brocanteur, né et demeurant à Constantine, fils de Joseph et de Zahra bent ben Khomri, marié, trois enfants, lettré.

Condamné les :

24 juin 1862, Cour d'assises de Philippeville, vol qualifié, trois ans de prison ;

19 février 1875, Cour d'appel d'Alger, 22 contraventions à un arrêté du Gouverneur général du 12-26 juin 1848, 22 amendes de 5 francs ;

3 octobre 1878, Cour d'appel d'Alger, vente de munitions de guerre, 2 mois de prison et 400 fr. d'amende ;

7 janvier 1886, Cour d'appel d'Alger, fraude

électorale, 1 mois de prison et 5o francs d'amende.

Détenus.

Vu l'acte d'accusation dressé en conséquence du dit arrêt de renvoi.

Vu la notification faite aux accusés du dit arrêt et acte d'accusation.

La Cour :

Ouï M. Etienne, substitut du procureur de la République, en ses réquisitions pour l'application de la loi.

Ouï les accusés et leur défenseur en leurs observations sur les dites réquisitions.

Après en avoir délibéré conformément à la loi ;

Attendu qu'il résulte de la déclaration du jury en date de ce jour que les accusés sus-nommés sont coupables de s'être depuis moins de dix ans, à Constantine, canton et arrondissement du dit, *rendus complices d'une soustraction frauduleuse de divers objets, bijoux ou somme d'argent, commise dans la nuit du trente-un juillet au premier août mil huit cent quatre-vingt-douze*, à Constantine, au préjudice des époux Toreilles, en récélant sciemment tout ou partie des objets volés ;

Avec les circonstances que la dite soustraction frauduleuse a été commise :

1° La nuit. — 2° Dans une maison habitée. — 3° A l'aide de fausse clef dans un édifice. — 4° A l'aide d'effraction intérieure dans un édifice;

Attendu que ce fait retenu et déclaré constant par le jury constitue le crime prévu et réprimé par les articles trois cent soixante-dix-neuf, trois cent quatre-vingt-six, paragraphe premier ; trois cent quatre-vingt-quatre, trois cent quatre-vingt-un, paragraphe quatre, cinquante-neuf et soixante-deux du Code pénal.

Vu les dits articles lus à l'audience par le Président et ainsi conçus :

« Article 379. — Quiconque à soustrait une chose qui ne lui appartient pas est coupable de vol.

« Art. 381. — Seront punis des travaux forcés à perpétuité les individus coupables de vols commis avec la réunion des cinq circonstances suivantes : § 4, S'ils ont commis le crime, soit à l'aide d'effraction extérieure ou escalade ou de fausses clefs, dans une maison, appartement, chambre ou logement habités, ou servant à l'habitation, ou leurs dépendances, soit en prenant le titre d'un fonctionnaire public ou d'un officier civil ou militaire, ou après s'être revêtus de l'uniforme ou du costume du fonctionnaire ou de l'officier, ou en alléguant un faux ordre de l'autorité civile ou militaire.

« Art. 384. — Sera puni de la peine des travaux forcés à temps tout individu coupable de vol, commis à l'aide d'un des moyens énoncés dans le numéro 4 de l'article 381, même quoique l'effraction, l'escalade et l'usage de fausses clefs aient eu lieu dans des édifices, parcs ou enclos non servant à l'habitation et non dépendant des maisons habitées et lors même que l'effraction n'aurait été qu'intérieure.

« Art. 386. — Sera puni de la peine de la réclusion tout individu coupable de vol commis dans l'un des deux cas ci-après : 1° Si le vol a été commis la nuit et par deux ou plusieurs personnes, ou s'il a été commis avec une de ces deux circonstances seulement, mais en même temps dans un lieu habité ou servant à l'habitation, ou dans des édifices consacrés aux cultes légalement établis en France.

« Art. 59. — Les complices d'un crime ou d'un délit seront punis de la même peine que les auteurs mêmes de ce crime ou de ce délit, sauf les cas où la loi en aura disposé autrement.

« Art. 62. — Ceux qui sciemment auront recelé, en tout ou en partie, des choses enlevées, détournées ou obtenues à l'aide d'un crime ou d'un délit, seront aussi punis comme complices de ce crime ou délit. »

Vu, en outre, les articles dix-neuf de la loi du vingt-sept mai mil huit cent quatre-vingt-cinq, quarante-six et quarante-sept du Code pénal, sur l'interdiction de résidence, cinquante-deux et cinquante-cinq du même Code et trois cent soixante-huit du Code d'instruction criminelle sur les frais, et les lois des vingt-deux juillet mil huit cent soixante-sept et dix-neuf décembre mil huit cent soixante-onze sur la contrainte par corps.

Faisant aux accusés reconnus coupables application des dits textes de loi,

Condamne Misseri Ymouna à la peine de cinq années de travaux forcés et Bitoun Mardochée à huit années de la même peine.

Les condamne en outre solidairement par corps aux frais du procès liquidés à cent quarante-six francs dix centimes.

Fixe à quarante jours la durée de la contrainte par corps.

Et, après en avoir spécialement délibéré, dispense les condamnés de l'interdiction de résidence, édictée par l'article 19, paragraphe 2 de la dite loi du 27 mai 1885.

Ordonne que le présent arrêt sera imprimé et affiché conformément à l'article 39 du Code pénal et exécuté à la diligence de M. le Procureur général.

Ainsi jugé et prononcé en audience publique de la Cour d'assises de Constantine, au Palais de Justice de Constantine, le cinq avril mil huit cent quatre-vingt-quatorze.

Où siégeaient Messieurs :

Leclerc, Conseiller à la Cour d'appel d'Alger, Président ;

Jannin, Juge, et Gimet, Juge suppléant au Tribunal de première instance de Constantine, Assesseurs ;

En présence de M. Etienne, Substitut du Procureur de la République ;

Assisté de Mᵉ Faillaufée, Greffier ;

Et ont signé le Président, les Assesseurs et le Greffier.

Signé à la minute :

Leclerc, Président,
Jannin et Gimet, Assesseurs,
Faillaufée, Greffier.

Pour expédition conforme :

Le Greffier, Faillaufée.

Et maintenant, colons que l'on enlève à vos familles et à vos travaux agricoles pour venir siéger comme jurés à nos sessions de cours d'assises, êtes-vous édifiés sur la façon dont on tient compte en haut lieu des sentences que vous rendez ?...

Parodiant le beau vers du poète, ne croyez-vous pas que c'est le cas ou jamais de dire :

« Selon que vous serez *Juif* ou *Français*, le, ou
« les protecteurs des coquins feront que les arrêts
« des cours d'assises vous frappant, seront consi-
« dérés comme non avenus ou exécutés dans toute
« leur rigueur !... »

Voilà ce qui se passe dans le département du sieur Thomson, le petit-fils à Crémieux, le protecteur des Juifs, nos maîtres, les esclaves d'autrefois, de la nation arabe.

N.-B. — Il est bon de dire qu'après le verdict condamnant les voleurs Bitoun, deux ou trois courtiers, parmi lesquels un ex-avocat rayé, sont allés de porte en porte pour arracher des signatures aux jurés pour un recours en grâce. Et voilà comment, avec la protection du député des Juifs et de leurs agents, l'on supprime en Algérie des verdicts d'assises. Que le *Parlement français* juge une fois de plus, ce qui se passe dans notre malheureuse Colonie.

LES MAIRES

MÉDECINS DE PRISONS

LES MAIRES

MÉDECINS DE PRISONS

LE RESPECT DE LA LOI
DANS LE DÉPARTEMENT DE CONSTANTINE

Voici ce que dit formellement le Décret du 11 novembre 1885, sur les prisons, dans son article 75 :

Les fonctions de médecin de la prison sont incompatibles avec celles de maire et d'adjoint ou de membre de la Commission de surveillance.

Or, M. Casanova, grand électeur de M. Thomson, chef de la Municipalité constantinoise, élu par les 1.200 juifs électeurs de Constantine, est maire de cette ville depuis le mois de mai 1888, c'est-à-dire depuis bientôt sept ans.

Il n'en est pas moins resté depuis cette époque médecin de la prison de Constantine, où il touche de beaux émoluments, qu'il cumule avec ceux de Maire de Constantine, lesquels sont — c'est tout à fait modeste — de *8.000 francs par an.*

La même observation est à faire pour M. Aubry, Maire de Sétif depuis le mois de mai 1892, et qui, malgré les termes formels de la loi, est resté médecin de prison.

Cent fois *le Républicain* de Constantine a dénoncé cette situation scandaleuse, mais sans succès aucun, l'Administration de ce pays agissant, non par les ordres du Gouverneur général ou du Ministre de l'Intérieur, mais d'après ceux du Député des Juifs, Thomson.

Nous nous décidons aujourd'hui à dénoncer cette situation aux honnêtes républicains du Parlement et nous leur demandons s'ils laisseront plus longtemps continuer ces scandales, que le Préfet Lascombes, le même qui a reçu dans l'Hôtel de la Préfecture les femmes Isabella, lors de l'abominable affaire Rouach, n'a cessé de couvrir de sa haute protection.

UN AUTRE ABUS

M. Casanova, Maire judaïsant de Constantine, grand électeur de M. Thomson, est Président de la Commission administrative de l'Hôpital.

Il est en même temps Médecin de cet Hôpital, aux appointements légèrement fantastiques de 2.000 francs par an.

Il a donc à se contrôler lui-même, comme Président de la Commission administrative.

Il y a là une incompatibilité absolue, une violation du bon sens et des règlements qui dure depuis près de sept ans, malgré toutes les observations qui ont été faites par les journaux indépendants de la Colonie.

Voilà ce qui se passe dans ce pays où il n'y a plus ni règles, ni loi, ni justice, ni administration, mais un seul maître qui peut tout pour lui et pour ses agents, — le nommé Thomson.

Nous dénonçons encore aux honnêtes gens de la Chambre et du Sénat cette situation inouie.

L'AFFAIRE POULHARIÈS

L'AFFAIRE POULHARIÈS

COMMENT ON COLONISE
DANS LE DÉPARTEMENT DE CONSTANTINE

LA COMMUNE MIXTE D'AIN-M'LILA
SON ADMINISTRATEUR POULHARIÈS
PROTÉGÉ DE M. THOMSON

Les débats qui ont eu lieu ces jours derniers au Parlement, à l'occasion d'une foule de lâchetés administratives, étaient de nature à relever le moral, quelque peu découragé, de la population honnête de ce pays.

Avec tous ces braves gens qui aiment la justice, nous comptions que la Préfecture s'empresserait de faire droit à nos plaintes légitimes, cent fois motivées, à l'égard de l'Administrateur d'Aïn-M'lila, Poulhariès.

Nous avons pensé, tout de suite, que le Préfet Lascombes, tenant compte de notre discrétion à l'égard des auteurs des actes inqualifiables commis par trois ou quatre chenapans, ne manquerait pas de châtier les coupables, afin d'éviter un nouveau scandale retentissant ; mais il paraît que nous étions dans l'erreur.

Ni les débats portés à la Chambre par le Député Viviani, ni les plaintes nombreuses formulées dans *deux brochures spéciales*, n'ont pu nous procurer la justice. Dans ces conditions, il est indispensable que nos griefs soient, une fois encore, soumis à la connaissance du Parlement.

Il est nécessaire que la Métropole connaisse les causes de l'insécurité dans l'intérieur; elle doit aussi connaître les fonctionnaires qui se rendent complices et solidaires des individus qui déshonorent le nom français aux yeux des Indigènes, lesquels ont toujours cru que nous représentions dans le monde la générosité et la justice.

Une fois pour toutes, il nous faut aller jusqu'au bout de notre campagne d'assainissement, si nous voulons relever aux yeux de la France, notre bonne réputation, passablement compromise par l'exploitation judaïque, des Lascombes, des Poulhariès et autres cyniques de moindre envergure.

Puisque le Préfet, dans l'intérêt d'une politique néfaste et déshonorante pour la France, veut soutenir les coquins contre les honnêtes gens, l'injustice contre la justice et le droit, nous allons refaire la liste des crimes commis dans la commune d'Aïn-M'lila, avec le désir de la voir porter à la Tribune par Viviani ou un autre Député, ami de la justice ; nous leur donnons d'avance l'assurance qu'elle est bien au-dessous de la vérité.

Au préalable, je veux profiter de l'occasion qui m'est offerte par le discours magistral qu'il a prononcé au Parlement, — pour dire que M. Viviani, Député de Paris, notre concitoyen, s'est créé des droits incontestables à la reconnaissance des hommes de bien en général et des Algériens en particulier, — SANS DICTINCTION DE PARTI POLITIQUE.

J'arrive à la liste des crimes qu'il s'agit de dénoncer :

HISTOIRE D'UN MARCHÉ

Un colon français, venu dans le pays dès la première heure, M. Trocolo, fonda, en 1887, le village d'Aïn-Fakroun, situé dans la commune d'Aïn-M'lila.

Le Gouverneur consentit à la création du village par ce motif, que Trocolo avait réussi à faire de ce pays désert un centre d'échange et de commerce important, sans le secours de personne, tout seul et à ses frais.

Depuis 1868, il était parvenu à édifier un bordj important, comportant une grande maison, d'immenses écuries et une série de petits magasins ou locaux destinés aux indigènes, avec cette idée que de telles installations favoriseraient l'établissement sur place, ou aux environs, d'une population indigène nombreuse, dont les transactions devaient forcément enrichir le pays et précipiter la création officielle du centre d'Aïn-Fakroun.

Parallèlement aux constructions importantes dont je viens de parler, Trocolo, à force d'énergie et aussi grâce à l'influence qu'il exerçait sur les Arabes de la région tout entière, parvint à fonder un marché très important.

A ce marché qui durait depuis vingt ans il, manquait quelque chose : un mur d'enceinte capable d'assurer la sécurité des personnes, des choses et des animaux.

C'est ainsi qu'en 1891, alors que Trocolo était adjoint spécial, le Conseil municipal, d'accord avec tous les Arabes de la région, avec l'approbation unanime de la Commission des Centres, décida la construction du mur de clôture du marché créé depuis vingt ans. Il vota à cet effet une somme de 15,000 francs produit des impôts indigènes, les plus intéressés dans cette affaire.

Les travaux de construction votés furent attaqués subitement et terminés l'année suivante, en 1892.

Tout le monde est content du résultat ; les colons français et les indigènes sont fiers de leur marché entouré d'une énorme muraille percée de grandes grilles, dans l'intérieur duquel les transactions pourront se faire en toute sécurité.

Les affaires vont changer [de face, grâce à l'audace de l'Administrateur Poulhariès et de son aide, Coutayar, Anglo-Maltais naturalisé, devenu adjoint spécial d'Aïn-Fakroun en 1892.

Immédiatement après la construction du mur du marché en question, le sieur Coutayar, l'âme damnée de Poulhariès, comptant sur un Administrateur capable de tout, imagina de remplacer comme adjoint spécial M. Trocolo, le Français qui avait créé le village.

En remplaçant Trocolo qui avait dépensé plus de 60,000 francs à des constructions, sans parler de son usine à vapeur pour la mouture des grains, Coutayar cultivait l'idée de ruiner son voisin par le déplacement du marché récemment construit, qu'il ferait rétablir au centre des maisons d'habitation. (Ce marché était à environ 200 mètres de chez Trocolo et 300 mètres du reste du village.) Coutayar espérait aussi, sur ce marché, établir sa maison.

Toutes les idées de l'ex-Anglais, inventées par Poulhariès, se réalisèrent en tous points, malgré la campagne énergique du journal le *Républicain*.

Trocolo, ayant la réputation d'avoir voté contre *Thomson*, fut condamné, grâce à la complicité d'une Préfecture qui est devenue comme une caverne immonde dans laquelle la justice n'a pas entrée.

C'est ainsi qu'en 1893, c'est-à-dire moins d'une année après l'achèvement du marché qui avait coûté 15,000 francs aux contribuables, Poulhariès provoqua et obtint de son Conseil municipal, une demande tendant au déplacement du marché et sa reconstruction au centre du village, au-dessus de la fontaine publique, au risque d'empoisonner la population, sans parler du gaspillage des deniers publics.

A la suite des plaintes violentes formulées par le *Républicain*, Poulhariès fut obligé, afin de donner un semblant de légalité à l'acte qu'il allait commettre, de promettre que les travaux nécessités pour le déplacement du marché, seraient faits avec l'argent des particuliers qui avaient demandé le déplacement.

En tête de ces particuliers se trouvaient l'ex-Anglais Coulayar, un sieur Lebeau, actuellement sous les verrous, accusé d'assassinat.

Embarrassé pour avoir les fonds nécessaires au mur, on imagina le truc suivant :

Juste à ce moment, il s'agissait de prêter aux colons des sommes pouvant leur permettre d'acheter les céréales pour ensemencer.

On insinua aux huit ou neuf pétitionnaires qui avaient eu raison contre 50,000 habitants qu'ils devaient demander à emprunter pour les semailles, tandis qu'en réalité ils dépenseraient leur argent à faire un mauvais mur en terre, en remplacement de celui qui entoure le marché.

On trompa la confiance de quelques pauvres colons.

Parmi les victimes du satrape Poulhariès, je dois citer M. Moudino, colon d'Aïn-Fakroun, qui écrivit au *Républicain* et à la Préfecture la lettre suivante :

« Je n'ai jamais demandé le déplacement du marché. On m'a trompé en me faisant signer l'engagement de verser une somme de 800 francs pour faire des travaux pour la Commune. Du reste, je suis incapable de payer une telle somme. »

Enfin, le marché fut déplacé en 1894, *par la force;* la perte pour la commune a été de 15,000 francs en espèces, — sans compter la ruine des colons, arabes ou français, — tout cela grâce à la complicité du Préfet, qui voulait conserver dans le village une vingtaine de voix à Thomson.

Le coup fut consommé, et depuis, le sieur Coutayar, l'aide de Poulhariès, grâce à ce dernier, *a construit sa maison très exactement sur le mur du marché déplacé;* tout cela avec la complicité d'un Préfet dont la mission est d'assurer le fonctionnement de la justice pour tout le monde.

Cette iniquité, commise uniquement pour arriver à la ruine de Trocolo, ne suffisait pas aux exploiteurs de la commune d'Aïn-M'lila.

Ils voyaient dans le village un autre colon de la première heure, un des plus travailleurs et des plus honnêtes du pays, qui portait ombrage à Poulhariès et à son complice, l'ex-anglo-maltais, qui est adjoint spécial.

Notre colon, M. Meillon, était honnête et travailleur. Il fallait le détruire par cette double raison qu'il était très bien avec Trocolo. Trocolo, parlant l'arabe, estimé de tout le monde et notamment des indigènes, ayant des relations très étendues avec ces derniers, était en mesure de connaître en détail l'Aministration de Poulhariès et de sa bande.

Il fallait, par tous les moyens, porter la terreur partout, chez les colons et les indigènes susceptibles d'avoir des affaires ou simplement des relations, avec le premier colon d'Aïn-Fakroun.

L'occasion se présenta sous la forme d'une exécution radicale contre le colon Meillon, au sujet d'une baraque dont je vais vous conter l'histoire, afin de bien démontrer au Gouvernement le soin que prend le Préfet Lascombes à retenir, à favoriser les colons d'Algérie.

HISTOIRE D'UNE BARAQUE

Vers 1887, l'entrepreneur chargé de la construction de la ligne ferrée des Ouled-Rahmoun à Aïn-Beïda, établit son quartier général dans le village d'Aïn-Fakroun, situé à proximité de la ligne en question.

Pour son installation, il construisit un grand baraquement sur un monticule rocheux n'ayant jamais servi à personne, qui est situé à 200 mètres environ de toute habitation, en aval du village.

La construction de ces baraquements fut autorisée par le Génie militaire.

Après l'achèvement des travaux, l'entrepreneur des chemins de fer, liquidant sa situation, vendit les baraquements au nommé Ch. Meillon, colon d'Aïn-Fakroun, moyennant le prix de 800 francs.

Notre colon, très travailleur, voulant créer une industrie qui manquait totalement dans la contrée, eut l'idée qu'en agrandissant les baraquements qu'il avait achetés, — il pourrait se loger et en même temps créer une auberge, où le voyageur trouverait logement et nourriture.

Il fit ainsi ; il dépensa tout son argent.

Il travailla. C'était un colon qu'on estimait. Il était content de s'être arrangé, tout en rendant service au public par un établissement de cette nature. Mais le malheureux comptait sans le Poulhariès et son complice, le Préfet Lascombes de Constantine, ainsi que vous allez le constater.

La chose est récente, c'est à peine si l'exécution remonte à quelques semaines.

Avant l'exécution, la famille Meillon a tout fait pour éviter la ruine dont elle était menacée par la haine administrative.

Elle écrivit à l'Administrateur et à la Préfecture pour demander qu'on lui vendit la pointe de rocher sur laquelle se trouvaient ses constructions et son avoir.

Meillon alla trouver des amis qui intervinrent personnellement auprès du Préfet, afin de faire saisir à ce fonctionnaire la hauteur du scandale que produirait sur le public l'exécution d'un des premiers et des meilleurs colons de l'Algérie ; rien ne put vaincre le parti pris de l'Administration supérieure, qui avait depuis longtemps épousé et peut-être provoqué l'exécution de Poulhariès ; tout cela, parce que ce colon ne cultivait pas la politique des judaïsants.

Voici la preuve de l'exécution :

« L'an mil huit cent quatre-vingt-quatorze et le trente novembre, à la requête du sieur Poulhariès, Administrateur de la commune d'Aïn-M'lila, ayant Me M... pour défenseur ;

« Et en vertu de la grosse dûment en forme exécutoire d'un jugement contradictoirement rendu par le Tribunal civil de première instance, le vingt-quatre octobre mil huit cent quatre-vingt-quatorze, enregistré et signifié le dix-sept novembre.

« J'ai, Albert Braude, huissier près la Justice de Paix d'Aïn-M'lila, y demeurant, soussigné, fait commandement au sieur Charles Meillon, colon demeurant à Aïn-Fakroun, en son domicile, où étant et parlant en la personne du sieur Robino Félix, qui s'est chargé de remettre la copie et a signé avec nous.

« De, dans vingt-quatre heures, pour tout délai, payer à la commune requérante :

« 1° La somme de cinquante francs, montant des condamnations prononcées au jugement sus-énoncé ;

« 2° Celle de quatre-vingt-dix-sept francs cinquante-cinq, montant des dépens liquidés au jugement ;

« 3° Celle de dix-neuf francs quatre-vingt-quinze, coût des minute et grosse du dit jugement ;

« 4° Celle de quarante-deux francs quarante-trois, coût des signification et qualité ;

« 5° Le coût du présent, qui sera mis au bas, sans préjudice de tous autres dûs, droits et actions.

« Lui déclarant que, faute par lui d'obtempérer au présent commandement, dans le délai ci-dessus fixé, il y sera contraint par toutes les voix de droit et, notamment, par la saisie exécutoire de ses meubles et, passé le délai de trente jours, par la saisie réelle de ses immeubles, sous toutes réserves en ce qui concerne le déguerpissement et dommage intérêt.

« *L'Huissier* (Signé) : Braude. »

Au moment où les administrateurs effrontés faisaient signifier au domicile du colon travailleur le résultat de leur belle besogne, le père et la mère Meillon, tombés malades à la suite des injustices de l'Autorité, se trouvaient à Constantine, gravement malades, ainsi que cela résulte du certificat suivant :

« Je soussigné, Malbot, Docteur en médecine de la Faculté de Paris, certifie que M. et Mme Meillon, 12, rue Saint-Jean, à Constantine, auxquels je donne mes soins, sont gravement malades depuis le quatre novembre dernier et, qu'actuellement, ils sont obligés de garder le lit pendant au moins quinze jours encore.

« Constantine, le 3 décembre 1894.

« Signé : Malbot. »

Finalement et comme conclusion, le 2 janvier dernier, par un temps affreux, pendant une tempête de neige épouvantable, un porteur de contraintes ou peut-être le garde champêtre, s'en fut prévenir Meillon d'avoir à se tenir prêt à déguerpir, car des hommes allaient arriver pour l'expulser et démolir ses constructions.

Le missionnaire ajouta :

« Du reste, je vous engage à ne pas dire un seul mot, car les gendarmes qui sont ici ont reçu l'ordre de l'Administrateur de vous garroter tout simplement comme un malfaiteur ! »

A cette nouvelle, je sais qu'un homme dévoué et désintéressé se rendit auprès du Préfet, pour obtenir une meilleure justice en faveur d'un colon qui n'était que la victime d'une bande de chenapans.

Il paraît que le Préfet promit de s'occuper de la chose, tandis qu'en réalité les constructions furent démolies et le colon expulsé, je le répète, l'un des meilleurs colons de toute l'Algérie, à tous les points de vue !

On n'a pas voulu vendre à un colon qui voulait l'acheter, une pointe de rocher qui ne vaut pas dix centimes, — parce qu'il fallait le faire partir du village où il gênait la politique des courtiers de Thomson, de l'adjoint Coutayar et son chef Poulhariès.

Dans ces conditions, il n'est pas étonnant qu'en France on dise que nous sommes gouvernés par des fripons, et par la fréquentation de ces derniers, en état de devenir comme eux en peu de temps.

CONCLUSION

Voilà, écourtées autant que possible, les deux histoires du marché et de la baraque d'Aïn-Fakroun, beaucoup plus détaillées dans les deux brochures de *Sphinx* déjà parues et dans divers articles parus dans le *Républicain* au sujet des baraques Meillon.

Je pourrais maintenant vous résumer la liste des autres infamies commises par Poulhariès et ses deux aides avec la complicité de l'autorité supérieure.

Vous verriez qu'il s'agit tout simplement d'un repaire.

Mais ces deux exemples suffisent.

Une brochure a paru sous le titre : *Récit de Canailleries administratives* commises par l'Administrateur Poulhariès.

Nous renvoyons à cette brochure.

Et nous disons au Parlement français :

« Est-ce que de pareils dénis de justice resteront impunis ?

« Les Algériens honnêtes réclament à grands cris une enquête faite par des représentants du peuple !

« Elle s'impose ! »

L'AFFAIRE SALLES

L'AFFAIRE SALLES

UNE SALE AFFAIRE

UN PENDANT A L'AFFAIRE COURTIÈS

L'Affaire Salles est un des exemples les plus édifiants et l'on peut dire les plus tristes des moyens que le judaïsant Thomson emploie pour assurer sa suprématie dans le département. de Constantine.

Un nommé Salles, ancien instituteur congréganiste, exerçait en 1885 les fonctions d'instituteur laïque dans le village de Tiberguent, commune mixte de Fedj-M'zala. Il ne tarda pas à devenir l'un des agents les plus influents du député Thomson dans cette région. Grâce à cette situation, il sut s'attirer les sympathies d'une administration terrorisée et le respect d'une population, hélas ! trop souvent dans le besoin.

En 1891, des bruits coururent dans le village sur la vie privée de ce percepteur de la jeunesse. On se racontait, à voix basse d'abord, puis tout haut ensuite, que l'instituteur attirait chez lui, et cela depuis plusieurs années, des jeunes gens, et que là, dans ses appartements particuliers, on se livrait, sous la conduite du maître, aux actes les plus monstrueux d'immoralité.

Emu à juste titre de la persistance de ces bruits scandaleux, l'adjoint spécial du village interrogea les jeunes gens, recueillit des dépositions, et n'hésita pas à en informer son chef hiérarchique, M. Arripe, Administrateur de la commune mixte de Fedj-M'zala, priant celui-ci d'intervenir, afin d'éviter un scandale, auprès de l'Administration académique, et de demander le départ immédiat d'un fonctionnaire qui donnait prise à de pareilles accusations.

La réponse ne se fît pas attendre ; le lendemain, 26 novembre 1891, furent révoqués deux des jeunes gens qui avaient osé dire la vérité et qui occupaient les fonctions de cantonniers communaux.

L'ère des persécutions commença alors pour les malheureux colons de Tiberguent.

L'Adjoint spécial se rendit alors à Constantine, et obtint de l'Inspecteur d'Académie qu'une nouvelle enquête, administrative, celle-là, fût faite. Un Inspecteur primaire, M. Suquet, se rendit sur les lieux, et *n'entendit que les témoins à décharge.*

En présence des révocations iniques des malheureux travailleurs et de la cynique conduite du député Thomson, qui persistait à soutenir Salles, toute la population indépendante de Tiberguent (qui formait entièrement, jusque-là, le parti du député) se souleva avec énergie : des pétitions furent adressées à tous les chefs d'administration, ainsi QU'A THOMSON LUI-MÊME. On suppliait l'Autorité de mettre fin à cette vilaine histoire et de punir le ou les coupables, l'accusé ou les accusateurs.

ON DEMANDAIT AU DÉPUTÉ DE NE PAS INTERVENIR ET DE LAISSER AGIR LA JUSTICE. (Lettre du 9 octobre 1892.)

Là réponse se traduisit, de la part de l'Administration, par une série de vexations. A chaque instant, des procès-verbaux étaient dressés à tort et à travers, sous les prétextes les plus futiles. Le travail était impitoyablement refusé sur les chantiers à tous ceux qu'on avait seulement surpris parlant aux *ennemis de Salles*. On donna des indemnités, des secours (?) aux *amis de l'Administration*, et l'on promit aux autres de leur enlever *jusqu'à leur dernière paire de chaussures* (sic).

Les haines sont excitées et le paisible village de Tiberguent ne tarde pas à devenir un foyer de disputes. On se bat dans les rues et l'on voit pendant assez longtemps, le soir, des gens se promener jusqu'à une heure assez avancée, portant, l'un une faulx, l'autre un gourdin, d'autres des fusils.

Telle était, à Tiberguent, l'œuvre de l'Administration DOMESTIQUÉE PAR THOMSON.

Nouvelle plainte est alors portée au Parquet de Constantine. Le Procureur prescrit une enquête. Nouvelles affirmations, nouveaux témoins à charge, — écrasants, cette fois, — et rien, toujours rien.

Pendant de longs mois, patiemment, respectueusement, les pères de familles s'adressent au Procureur général, au Ministre, au Gouverneur général de l'Algérie, *au Député Thomson*, au Recteur de l'Académie, aux Inspecteurs, à la Presse d'Alger, qui publie leurs protestations, enfin, au nom de ce qu'il y a de plus sacré dans les familles : l'éducation des enfants, au nom de la morale, au nom de la dignité de l'Administration, de l'avenir du village. Rien n'y fait, M. Salles est soutenu, il a des accointances électorales : *c'est l'ami du Député Thomson, du Conseiller général Picot.* On a besoin de lui ; il doit rester à Tiberguent, et l'on se garde bien de l'obliger à se disculper.

Ouvrons cependant une parenthèse : le 7 octobre 1892, l'Instituteur Salles est changé, puis, par télégramme, RÉINTÉGRÉ A TIBERGUENT... Qu'elle intervention occulte est venue peser sur les actes de l'Administration? M. Thomson le sait évidemment.

Le 7 mars 1893, au moment où les colons de Tiberguent allaient en appeler au Tribunal supérieur du pays, à la Chambre entière des Députés, l'Inspecteur d'Académie de Constantine arrive dans le village et y procède à une *quatrième enquête*. L'Inspecteur entend tout le monde, à l'air de tout faire pour découvrir la vérité, se rend en personne chez des colons à qui il répugnait de déposer des choses par trop... écœurantes. Huit ou dix témoins nouveaux sont encore à charge et les dépositions sont de plus en plus accablantes.

L'Inspecteur quitte Tiberguent après une enquête de plusieurs jours. Il dit que Salles va être mis en demeure de poursuivre. Il semble outré de dégoût par tout ce qui vient de lui être révélé, et il rentre à Constantine bien décidé à trancher définitivement la question. M. Thomson dût l'en empêcher, sans doute, car l'affaire n'eût pas plus de suite qu'auparavant, et *Salles resta à son poste*.

Le 13 avril, les pères de famille écrivent au Recteur qu'en présence des accusations épouvantables qui pèsent sur M. Salles, accusations dont celui-ci ne veut pas se disculper, ils ont retiré leurs enfants de l'école jusqu'à ce qu'une solution soit intervenue. Ils ne veulent pas confier davantage l'éducation de leurs enfants à un homme qui, jusqu'à preuve éclatante du contraire, est un monstre d'immoralité. Savez-vous comment on leur répond? Par des menaces. On leur dit qu'ils sont passibles de la Commission scolaire, du Juge de Paix, etc., etc. Ils s'adressent alors au Ministre et ils reçoivent une lettre du Recteur, qui, lorsqu'on sait lire entre les lignes, montre bien le rôle joué par l'Administration dans toute cette vilaine histoire. La voici in-extenso. C'est un véritable monument :

« Alger, le 27 Mai 1893.

« Monsieur le Ministre me charge de répondre en son nom à la pétition que vous lui avez adressée contre M. Salles, Instituteur, conjoitement avec plusieurs habitants de Tiberguent.

« Monsieur le Ministre estime que les pères de famille qui n'ont pu fournir les preuves des faits *avancés par eux* ont le devoir de continuer à envoyer leurs enfants à l'école.

« Si, cependant, ils estimaient être en mesure de prouver en justice les actes d'immoralité qu'ils reprochent à M. Salles, ils devraient le poursuivre pour outrage public à la pudeur. Le Tribunal apprécierait. Au cas où le procès intenté n'aboutirait pas à une condamnation, M. Salles pourrait alors traduire en Justice les plaignants pour dénonciation calomnieuse.

« Recevez, etc.

« Signé : JEANMAIRE. »

Voilà, d'un tour de main, les rôles changés adroitement. Maintenant, ce sont les pères de famille qui ont avancé les faits, qui sont les accusateurs, qui seront bientôt les coupables. Les quatre enquêtes qui ont eu lieu sur la plainte d'un adjoint spécial, tout cela n'est rien, cela est classé, enfoui dans ces oubliettes que l'on appelle les archives. C'est fini, bien fini.

Les pères de famille, de plus en plus écœurés, réclament à grands cris la juridiction de cette Commission scolaire dont on les menace. Enfin, après plusieurs semaines d'attente vaine, ils obtiennent satisfaction. La Commission se réunit et, à *l'unanimité*, elle décide que Salles devait être mis en demeure de se disculper par la voix des Tribunaux.

Cette délibération ne fut pas admise en haut lieu et il fallut une nouvelle campagne de presse dans *le Radical Algérien* pour obliger M. Poincarré, Ministre de l'Iustruction publique, à agir.

Entre temps, M. Thomson était venu à Tiberguent. Les intéressés lui reprochèrent amèrement le rôle joué par lui dans toute cette affaire. Le Député soutint énergiquement son ami Salles et lorsqu'on lui affirma que Salles était dans L'IMPOSSIBILITÉ *absolue de se disculper devant les tribunaux, M. Thomson eut l'audace de répondre cyniquement :* « NOUS POURSUIVRONS! » *Ces deux mots contiennent à eux seuls la condamnation du Député des Juifs.*

Salles poursuivit en effet, mais ce ne fut certes pas la faute de ses puissants protecteurs.

Le 16 décembre 1893, deux ans après la plainte de l'adjoint spécial, les pères de famille qui avaient protesté contre le scandale inouï de Tiberguent, étaient attaqués en diffamation par le Salles instituteur devant la Cour d'Assises de Constantine.

Après une journée de débats, où des témoignages épouvantables étaient entendus, où des fonctionnaires venaient déclarer qu'ils avaient lutté en vertu *d'ordres supérieurs*, devant une salle archicomble, le verdict était rendu au milieu des applaudissements du public.

Les six pères de famille étaient acquittés, et Salles, le protégé du judaïsant Thomson, condamné à leur payer six cents francs de frais avancés par eux, et la contrainte par corps était fixée à quatre mois.

Ce verdict de flétrissure ne mit pas fin à l'affaire

et, chose inouïe, Salles revint exercer *ses fonctions d'Instituteur à Tiberguent*. Il fallut de nouvelles protestations, de nouveaux articles de presse, de nouvelles pétitions pour décider l'Administration à agir contre ce fonctionnaire. Comme dernier défi jeté à l'honnêteté et à la morale publique, ON NOMMA L'INSTITUTEUR PÉDÉRASTE SALLES A L'ECOLE DE SAINT-DENIS-DU-SIG, département d'Oran.

Tiberguent était débarrassé de ce dégoûtant personnage, mais on imposait ce dernier à une autre population dont il salit peut-être aujourd'hui encore les enfants.

Détail qu'il est utile de ne pas passer sous silence : Salles, fort des protections qu'il avait en haut lieu, refusa de payer aux pères de famille la somme pour laquelle il était condamné, et les Procureurs de la République de Constantine, M. Roubière, et d'Oran, M. David (?) refusèrent de faire exécuter le jugement qui fixait à quatre mois la durée de la contrainte par corps. Il fallut une nouvelle plainte au Ministre de la Justice, contre ces deux Procureurs, pour obliger Salles à s'exécuter.

Voila dans sa navrante vérité l'histoire d'un village qui, pendant plus de trois ans, a dû lutter au nom de l'honnêteté, contre l'infamie d'un homme soutenu, *unguibus et rostro, par un Député tenant dans sa main tous les pouvoirs publics et obtenant d'eux les plus sales besognes.*

Le résultat en est la ruine de Tiberguent, d'où quarante personnes ont dû partir en quelques mois pour éviter la misère où on voulait les jeter.

La Cour d'Assises de Constantine, en flétrissant l'Instituteur Salles, a également flétri la conduite du Député Thomson qui, *par ses basses intrigues, a su retarder pendant trois années l'heure d'une justice que tous les honnêtes gens réclamaient.*

COPIE DE DIFFÉRENTES PÉTITIONS

ENVOYÉES AUX AUTORITÉS SUPÉRIEURES
AU SUJET DE L'AFFAIRE DE L'INSTITUTEUR SALLES
DE TIBERGUENT

—

1° PÉTITION *envoyée au Ministre de l'Instruction Publique.*

« Tiberguent, le 7 mai 1892.

« MONSIEUR LE MINISTRE,

« Les pères de famille soussignés, habitant le village de Tiberguent, commune mixte et canton de Fedj-M'zala, ont l'honneur de vous exposer ce qui suit :

« A la date du *29 novembre dernier* (91) l'Instituteur du village, M. Salles, a été accusé de mauvaise conduite, et sa moralité a été attaquée d'une façon très sérieuse par plusieurs personnes du pays qui nous paraissent dignes de foi. A la suite de ces accusations, plusieurs enquêtes successives ayant eu lieu, nous avons cru devoir en attendre le résultat, mais en présence des lenteurs que l'on apporte à cette affaire, en présence des agissements de notre Instituteur, les doutes que nous avions sont devenus des certitudes. Nous venons donc vous prier, Monsieur le Ministre, de vouloir bien *donner des ordres à seule fin que nous puissions être entièrement édifiés sur la conduite de cet homme.*

« Plusieurs personnes ont déjà retiré leurs enfants de l'école depuis longtemps, et *nous sommes décidés à retirer nos enfants si notre demande n'obtient pas une prompte solution.*

« Dans l'espoir que vous voudrez bien donner des ordres sévères à ce sujet, nous avons l'honneur, etc...

« Signé : Nicolas BAPTISTE, MEUNIER,
Veuve CARRÉ, DEGRET, etc. »

—

2° PÉTITION *envoyée au Ministre de l'Instruction publique, au Recteur de l'Académie, au Gouverneur général de l'Algérie et à l'Inspecteur d'Académie de Constantine.*

« Tiberguent, le *9 octobre 1893.*

« Nous soussignés, habitants du village de Tiberguent, venons vous confirmer la pétition qui vous a été adressée le *21 septembre* par quelques pères de famille, et tendant à obtenir le déplacement de l'Instituteur de leur village, pour des motifs assez connus, et qui auraient dû amener sa révocation pure et simple, au lieu d'un changement tardif. Nous avions pensé que les signatures de huit pères de famille, représentant la bonne moitié des élèves qui vont à l'école, aurait assez de poids pour attirer l'attention de ceux qui, tout en obligeant les enfants à suivre des cours d'instruction, *ont pour obligation première de leur donner des instituteurs dont la moralité soit à l'abri de tout reproche.*

« Le 6 courant, nous avions appris le changement de M. Salles, et nous pensions qu'enfin justice allait nous être rendue, *lorsque le lendemain on nous faisait connaître qu'il était de nouveau maintenu à Tiberguent.*

« Nous en sommes à nous demander qui gouverne, de l'Instituteur ou de ses chefs, et quel titre a M. Salles pour changer ainsi à son gré une décision prise en haut lieu.

« Nous espérons, néanmoins, que nous sommes en présence d'une erreur et non d'une volonté forcée, et nous venons tous, pères de famille, ou parents d'enfants allant à l'école, protester contre le maintien de cet Instituteur, à moins, cependant, que, *le conservant, on le mette en demeure de poursuivre ses accusateurs.*

« Nous allons du reste publier une série d'articles sur la triste comédie qui se joue dans notre village et sur la façon dont un Instituteur français, mis à couvert par ses chefs, comprend et applique l'éducation de la jeunesse.

« Signé : Vivarié, Bideux, Degret, etc. »

—

3° Pétition *adressée au Recteur de l'Académie*

« Tiberguent, le *13 avril 1893.*

« Monsieur le Recteur,

« Il y a un mois une enquête a eu lieu à Tiberguent, au sujet des actes immoraux *reprochés* à notre Instituteur. A la suite de cette enquête, M. Salles aurait, paraît-il, été mis en demeure de poursuivre ses accusateurs.

« Les vacances de Pâques, qui ont pris fin le 7 de ce mois, nous semblaient être le terme raisonnable du délai à accorder à M. Salles pour s'exécuter. *Et cependant, aujourd'hui, aucune poursuite n'a été exercée, et l'Instituteur continue à faire l'école.*

« En présence de la gravité des griefs reprochés à ce fonctionnaire et du silence obstiné de celui-ci, silence qui peut être *interprêté comme des aveux,* nous nous sommes vus dans l'obligation morale de ne plus envoyer nos enfants à l'école lors de la rentrée des classes, en attendant qu'une décision ait été prise par l'Administration académique.

Vous devez comprendre, Monsieur le Recteur, combien une telle situation nous est pénible, et combien nous souffrons de voir nos enfants privés de l'instruction qui leur est si nécessaire.

« Et pourtant, pouvions-nous continuer à les confier à un homme *qui laisse planer sur lui d'aussi épouvantables accusations?*

« C'est pourquoi, Monsieur le Recteur, nous venons vous prier de vouloir bien nous faire connaître quelle a été la décision de l'Administration supérieure dans l'affaire qui nous occupe.

« Veuillez agréer, etc.

« Signé : VIVARIÉ, DEGRET, REY, etc.

« P.-S. — Suit la liste des enfants retirés de l'école : DEGRET, Julien ; VIVARIÉ, Charles ; VIVARIÉ, Elisa ; REY ; NICOLAS, Baptistine ; NICOLAS, Gaston ; ROUVIER. Fortuné ; VILLON, Olivia ; VILLON, Henri ; CARRÉ, Maximilienne, — formant la majeure partie des enfants fréquentant l'école, les autres, à l'exception d'un ou d'eux, n'étant pas d'âge scolaire. »

—

4º PÉTITION *adressée au Ministre de l'Instruction publique.*

« Tiberguent, le *22 avril 1893.*

« MONSIEUR LE MINISTRE,

« Nous venons faire un suprème appel à votre loyauté de Français et votre impartialité de Ministre, au sujet d'une affaire qui est en instance dans vos bureaux et dont nous attendons avec impatience la solution.

« Voici les faits :

« Il y a un an et demi, l'Instituteur de notre village, M. Salles, *a été l'objet d'accusations excessivement graves*, pesant sur sa moralité. On a dit et répêté, dans les quatre enquêtes qui ont eu lieu, que l'Instituteur attirait chez lui des jeunes gens de *quatorze à quinze ans*, ses anciens élèves, et se livrait sur eux à des attouchements immoraux dont vous trouverez les navrants détails dans le dossier qui a dû vous être soumis.

« En présence d'une aussi épouvantable situation, nous nous sommes adressés à toutes les autorités qui dépendent de votre haute Administration, et, chaque fois, *nous n'avons reçu que des réponses évasives.*

« Voilà, nous le répétons, un an et demi que nous sommes dans l'incertitude et que nous demandons une pleine lumière et une entière justice, des poursuites contre l'accusé ou contre les accusateurs.

« Il y va pour nous, chefs de famille, de L'AVENIR DE NOS ENFANTS. Aussi, nous voyons-nous dans l'obligation morale de retirer nos enfants d'une école où, *selon toutes probabilités*, ils ne pourraient rencontrer que des exemples d'immoralité.

« Monsieur le Recteur d'Alger, à qui nous venons encore de nous adresser, vient de nous écrire que nous étions passibles de la juridiction de la Commission scolaire et du Juge de Paix. Nous n'avons certes rien à craindre de ce côté, et c'est le *front haut que nous nous rendrons aux convocations qui pourraient nous être faites.*

« Il nous a été dit que pour défendre M. Salles, certaines personnalités auraient lancé contre nous des insinuations malveillantes, que nous n'hésitons pas à taxer de fausses, quelles qu'elles soient. Il est en tout cas une chose que l'on ne peut nous reprocher : *c'est que depuis de longs mois nous ne cessons de demander justice. De deux choses l'une : où M. Salles est innocent et il doit poursuivre ses accusateurs, qui ne sauraient être trop punis ; ou il est coupable et l'on ne saurait alors prendre des mesures trop sévères à son encontre.*

« Nous savons qu'il est de notre devoir d'envoyer nos enfants à l'école, mais nous ne croyons pas que l'on puisse, en conscience, nous obliger à les confier à un homme qui est *cité depuis si longtemps comme un monstre d'immoralité.*

« Confiants dans votre impartialité, nous nous en remettons à votre décision et vous prions d'agréer, Monsieur le Ministre, etc...

« Signé : Vivarié, Degret, Nicolas, Veuve Carré, etc. »

—

5° Pétition *adressée au Ministre de l'Instruction publique :*

« Tiberguent, le 3 juin 1893.

« Monsieur le Ministre,

« En réponse à la pétition que nous vous avons adressée le 22 avril (personnelle), nous recevons de Monsieur le Recteur une lettre ainsi conçue :

« Alger, le 27 mai 1893.

« Monsieur le Ministre me charge de répondre « en son nom à la pétition que vous lui avez « adressée contre M. Salles, Instituteur, conjoin« tement avec plusieurs habitants de Tiberguent.

« Monsieur le Ministre estime que les pères de
« famille qui n'ont pas fourni les preuves des faits
« avancés par eux, ont le devoir de continuer à
« envoyer leurs enfants à l'école.

« Si, cependant, ils estimaient être en mesure de
« prouver en justice les actes d'immoralité qu'ils
« reprochent à M. Salles, ils devraient le pour-
« suivre pour outrage public à la pudeur. Le Tri-
« bunal apprécierait. Au cas où le procès intenté
« n'aboutirait pas à une condamnation, M. Salles
« pourrait alors traduire en justice les plaignants
« pour dénonciation calomnieuse.

« Recevez, etc.

« Signé : JEANMAIRE. »

« Il est impossible, Monsieur le Ministre, que
vous ayez pu prendre une telle décision sans avoir
été induit en erreur. Une enquête vient d'avoir
lieu contre notre Instituteur, conduite par M. Gram-
boulan, Inspecteur d'Académie. Au cours de cette
enquête, les dépositions les plus épouvantables
ont été faites ; *sept ou huit témoins nouveaux entendus sont encore à charge. Un des témoins à
décharge finit par balbutier que certains faits reprochés se sont passés dans la salle à manger de
l'Instituteur.*

« En un mot, nous sommes certains que le simple examen, même rapide, du dossier, suffira pour
vous convaincre de l'immoralité de cet homme,
auquel vous voulez cependant que nous confions
nos enfants.

« Vous nous dites de *poursuivre* M. Salles. Mais
les victimes avaient plus de treize ans et il les attirait, pour faire son honteux métier, dans ses
appartements particuliers. Toutes circonstances
qui le mettent hors de l'atteinte des lois, *tout criminel soit-il.* Sans cela, *il y a déjà longtemps que*

nous l'aurions fait asseoir sur les bancs de la correctionnelle.

« Vous ne laisserez pas, Monsieur le Ministre, un pareil individu occuper davantage les fonctions d'Instituteur sans se disculper d'une façon éclatante, car si nous ne pouvons *légalement* l'attaquer, LUI PEUT CITER EN JUSTICE SES ACCUSATEURS.

« Nous vous conjurons encore, au nom de l'honneur de nos familles et de l'honneur de l'Administration dont vous êtes le chef, de mettre fin à cette situation scandaleuse dont notre village souffre depuis deux ans.

« Dans l'attente d'une réponse favorable, veuillez agréer, etc.

« Signé : VIVARIÉ, NICOLAS, REY, etc. »

—

EXTRAIT du REGISTRE des DÉLIBÉRATIONS

DE LA

COMMISSION SCOLAIRE DE LA DITE COMMUNE

—

Séance du 9 Juin 1893

—

L'Administrateur-Président fait connaître à la Commission scolaire que M. le Recteur a bien voulu lui communiquer le 17 avril dernier, une lettre dans laquelle les sieurs Vivarié, Nicolas Baptiste, Rey, Rouvier Emile, Degret et la dame veuve Carré, déclarent qu'ils n'enverront leurs enfants à l'école que lorsque l'Instituteur se *sera disculpé des accusations portées contre lui*. Il donne ensuite lecture du dernier paragraphe, ainsi conçu, de la lettre précitée :

« Il y a lieu de faire connaître en outre aux pétitionnaires que la Commission scolaire et Monsieur le Juge de Paix du canton seront, en tout état de cause, juges des motifs invoqués par eux pour ne pas envoyer leurs enfants à l'école. » (Extrait de cette lettre a été adressée le 20 avril aux sieurs Vivarić, Nicolas Baptiste, Rey, Rouvier Emile, Degret et à la dame veuve Degret.)

Enfin l'Administrateur-Président expose que d'une dépêche de M. le Ministre de l'Instruction publique, en date du 24 mai dernier, portée le 31 du même mois à la connaissance des sus-nom-

més, il résulte que les faits allégués contre M. Salles
« n'ont pas été prouvés jusqu'ici et que les pères
« de famille qui n'ont *pas fourni les preuves des*
« *faits avancés* ont le devoir de continuer à en-
« voyer leurs enfants à l'école. »

Les parents sus-nommés, continuant à ne pas
se conformer aux invitations qui leur ont été don-
nées à deux reprises et la situation signalée durant
depuis le 29 mars écoulé, l'Administrateur-Président a cru qu'il était de son devoir d'inviter la
Commission scolaire à donner son avis au sujet
de cette affaire, conformément aux dispositions de
la loi du 28 mars 1882.

La Commission décide qu'il y aurait lieu de faire
comparaître devant elle les protestataires. Les
sieurs Degret, Vivarié, Rey et Nicolas Baptiste
sont successivement introduits dans la salle. La
dame veuve Carré, dûment convoquée, ne s'est
point présentée.

Interrogés séparément dans l'ordre qui précède
sur les motifs qui les empêchent d'envoyer leurs
enfants à l'école, chacun des sus-nommés dépose
un mémoire manuscrit (pièces 1, 2, 3 et 4, ci-annexées), dont l'administrateur-président donne lecture à la Commission au fur et à mesure de leur
présentation. De ces divers documents, il résulte
que ces quatre pères de famille sont unanimes à
déclarer qu'ils n'enverront jamais leurs enfants à
l'école *tant que l'instituteur, M. Salles, ne sera
pas lavé des accusations d'immoralité qui pèsent
sur lui.*

L'administrateur-président interroge également
chacun des comparants, qui déclarent séparément
maintenir d'une façon formelle les accusations contenues dans leurs mémoires.

A ce moment, M. Rozier (Camille), membre de
la Commission, prend la parole et émet le vœu

qu'il y aurait lieu, pour avoir raison de ces résistances, de *mettre M. Salles en demeure de poursuivre judiciairement ses calomniateurs.* « A cette « seule condition, a-t-il ajouté, et lorsque M. Sal- « les se sera disculpé des accusations monstrueu- « ses qui pèsent sur lui, nous pourrons envoyer « nos enfants à son école, mais pas avant... Cette « triste affaire n'a duré que trop longtemps. Il y « aurait lieu d'y mettre un terme. »

L'administrateur-président répond à M. Rozier qu'il partage sa manière de voir, et que *telle a été toujours, du reste, l'intention de M. Salles*, ainsi qu'il résulte d'une lettre de M. le juge de paix Lepennetier, en date du 13 décembre 1891, n° 1066, et dont il est donné lecture. Il fait en outre remarquer que l'instituteur a fait diverses démarches dans ce but auprès de diverses autorités et notamment auprès de Monsieur le Procureur de la République ; De son côté, l'Administrateur met sous les yeux des membres de la Commission une lettre en date du 7 mars 1893, n° 428, dans laquelle il fait connaître à M. l'Inspecteur d'Académie qu'à son avis « il serait urgent, pour enrayer l'efferves- « cence qui règne à Tiberguent, de mettre M. Salles « en demeure de faire la lumière sur les faits qui « lui sont reprochés, en poursuivant ses calom- « niateurs. »

Appelés de nouveau séparément dans la salle à l'effet de faire connaître à la Commission de quelle façon chacun de ces pères de famille a fait donner l'instruction à ses enfants, depuis le 19 mars dernier, époque à laquelle les élèves ont été retirés de l'école, ils ont fait les réponses suivantes : 1° Le sieur Vivarié déclare donner lui même des leçons à son enfant ; 2° Le sieur Nicolas Baptiste déclare qu'il envoie régulièrement les siens prendre des leçons chez un sieur Vallet ; 3° Le sieur Degret déclare qu'il avait envoyé son jeune fils à l'école de Mila, mais que ses ressources ne lui permettant plus cette dépense, il le faisait instruire chez lui par son fils ainé, pourvu de son certificat d'études ; 4° Le sieur Rey déclare également que son jeune fils est instruit par son fils ainé, qui a subi l'an dernier les examens du certificat d'études.

La Commission :

Considérant que d'après l'article 10 de la loi du 28 mars 1882, les seuls motifs réputés légitimes sont les suivants : maladie de l'enfant, décès d'un membre de sa famille, empêchement résultant de la difficulté accidentelle des communications ;

Considérant que les faits reprochés à M. Salles, Instituteur, n'ont pas été prouvés jusqu'ici ;

Considérant qu'il résulte des déclarations qui précèdent et des pièces 1, 2, 3, 4 ci-annexées que les sieurs Vivarić et consorts « ont déclaré formel-« lement ne pas vouloir envoyer leurs enfants à « l'école, tant que celle-ci sera dirigée par M. Sal-« les » ;

Considérant qu'il résulte de la pièce n° 1, que le sieur Dreget n'a pas l'intention de poursuivre M. Salles ;

« Considérant qu'il y a lieu de donner satisfac-« tion au désir des parents sus-nommés en faisant « la lumière autour des accusations portées contre « M. Salles » ;

Estime qu'il y a urgence à donner à cette affaire la suite qu'elle comporte, et invite son Président « à faire une démarche pressante auprès de l'Au-« torité supérieure pour, qu'enfin, M. Salles soit « MIS EN DEMEURE de poursuivre ses calomniateurs « devant les tribunaux, et cela dans le plus bref « délai possible. »

Fait et délibéré à Fedj-M'zala le neuf du mois de juin mil huit cent quatre-vingt-treize.

Signé : ARRIPE, PLACE, GIERS, ROSIER, ACHOUN, RAHMANI, EMBAREK, ACHOUN BOU AKKAR, HADJ MEKKI.

Pour Copie conforme :

L'Administrateur : ARRIPE.

COMMISSION SCOLAIRE

—

A la suite des diverses plaintes et enquêtes restées sans résultat, les pères de famille, écœurés, se décident à retirer leurs enfants de l'école.

L'Administrateur leur écrit une lettre de menaces ainsi conçue :

« Fedj-M'zala, le 31 mai 1883 (N° 952).

« Conformément aux instructions contenues dans une dépêche de M. le Ministre de l'Instruction publique, en date du 24 mai courant, je vous invite à envoyer vos enfants à l'école.

« Dans le cas où vous ne vous conformeriez pas à ces prescriptions, je réunirai la Commission scolaire et demanderai contre vous *l'application de la loi*.

« *L'Administrateur* (Signé) : ARRIPE. »

Le 27 mai, le Recteur avait écrit aux pères de famille une lettre à peu près semblable (elle est citée dans la pièce n° 1).

Les pères de famille persistant, on les cite devant la Commission scolaire, sauf Villon Marius (?).

On ne peut mieux faire que de copier ci-après les explications écrites déposées à la Commission scolaire par les intéressés :

« 1° DEGRET.

« 9 juin 1893.

« Messieurs les Membres
de la Commission scolaire, Fedj-M'zala,

« Permettez-moi de vous présenter ces quelques lignes relativement à l'affaire qui me fait comparaître devant vous.

« Je n'ai pas voulu que mon fils fréquente l'école dirigée par M. Salles, à cause des accusations (qu'en ma conscience je crois fondées) qui pèsent sur l'instituteur.

« Lorsque M. Salles sera parti ou se sera disculpé et aura fait pleine lumière sur la conduite qu'on lui reproche, en intentant une affaire judiciaire, je serai alors le premier à envoyer mon fils à l'école.

« Ce n'est pas par haine personnelle que je garde mon enfant, mais mon fils aîné a été une des victimes des agissements honteux de M. Salles, et les témoignages nombreux et non réfutés sérieusement qui pèsent sur cet instituteur me font un devoir de mettre mon jeune enfant à l'abri des sollicitations d'un homme qui aurait un aussi vilain penchant.

« J'ai la conviction, en agissant ainsi, que tous les pères de famille soucieux de l'éducation de leurs enfants m'approuveront sincèrement.

« C'est pourquoi j'insiste auprès de vous, Messieurs les Membres de la Commission scolaire, pour vous prier d'émettre un vœu tendant à ce que l'Administration supérieure mette en demeure M. Salles de se disculper devant les tribunaux des accusations infamantes qui pèsent sur lui.

« C'est la seule solution qu'on puisse donner à cette affaire.

« M. le Ministre qui n'est pas au courant, sans doute, de la quatrième enquête qui a eu lieu, estime que nous pourrions poursuivre M. Salles, mais nous ne sommes pas accusateurs et nous ne pouvons donc poursuivre.

« Du reste, les victimes ont atteint leur treizième année, circonstance qui nous empêche d'obtenir justice nous-même, tout criminel que puisse être M. Salles.

« Signé : DEGRET. »

2° VIVARIÉ.

« 9 juin 1893.

« Messieurs les Membres
de la Commission scolaire, Fedj-M'zala.

« Par une lettre datée du 6 juin 1893 (n° 100) M. l'Administrateur de la commune mixte de Fedj-M'zala m'a fait connaître d'avoir à me présenter devant vous, ce jourd'hui, 9 juin, pour exposer les motifs qui m'empêchent d'envoyer mes enfants à l'école.

« Je m'empresse de me rendre à cette invitation, car il me tarde beaucoup que toute cette affaire s'éclaircisse ; voilà bientôt un an que mes enfants ne vont pas à l'école et, bien qu'ils ne soient pas privés d'instruction, car je fais mon possible pour les faire travailler chez moi, j'avoue, et vous penserez comme moi, que je me passerai volontiers de cette corvée, car comme tous les colons, je n'ai pas rien que cela à faire.

« Je viens donc d'abord vous prier, Messieurs, d'agir en cette circonstance avec toute la loyauté dont vous êtes capables et je passe aux motifs.

« Vous n'ignorez pas, Messieurs, ou plutôt une grande partie des Membres de la Commission afgnore pas qu'il y a bientôt vingt mois, des accusations monstrueuses furent portées contre M. Salles. Je me refusai d'abord à y croire et pensai que ces personnes n'avaient d'autre but que celui de nuire à notre instituteur; mais lorsque au cours des quatre enquêtes qui ont eu lieu, j'ai vu, à ces quatre plaignants s'en joindre beaucoup d'autres, lorsque les faits qui lui étaient reprochés me furent connus dans tout leur détail précis, lorsqu'enfin je vis MM. Villon Marius, Nicolas Baptiste, Rouvier Emile, tous pères de famille et surtout M. Rey, un homme âgé de 65 ans, qui tous avaient cru devoir se taire jusqu'à ce jour et qui, voyant qu'il était question de savoir si M. Salles était réellement coupable ou s'il y avait lieu de punir ses accusateurs, ont cru devoir mettre leur conscience à l'abri en apportant leur témoignage; lorsque j'ai entendu les rapports faits par toutes ces personnes d'un caractère sérieux et digne de foi : j'ai pensé que laisser mes enfants plus longtemps à cette école serait faire acte d'un mauvais père.

« Certaines personnes indifférentes et qui aiment à critiquer disent : Vous auriez dû les y laisser en attendant que la lumière se fasse ; mais si plus tard les faits m'avaient été prouvés par des actes commis sur mes enfants, elles auraient été les premières à me dire : « Vous avez eu tort, sachant les accusations portées contre cet homme, d'envoyer vos enfants à son école. »

« Ne suis-je pas responsable de l'avenir de mes enfants ? et ne supporterai-je pas le déshonneur de leurs fautes futures ? Il y a, à mon avis, assez des défauts ou des vices qui nous viennent plus tard sans aller au devant de ceux qui ne viendraient sans doute pas; vous n'ignorez pas, Messieurs, qu'il y a de ces habitudes prises dès l'enfance dont on ne peut pas se débarrasser et qui deviennent plus fortes que la volonté et quels ne seraient pas mes remords si plus tard mes enfants, ne pouvant dominer un penchant qui leur aurait été donné dans leur enfance, allaient s'oublier à commettre quelques-uns de ces actes réprouvés par la société et étaient traînés sur les bancs de l'infamie, ce ne serait pas eux qui seraient les coupables, ce serait moi.

« Donc, pour éviter le déshonneur de mes enfants et pour ce qui en rejaillirait sur leur famille, je ne les envoie pas à l'école de M. Salles et vous, Messieurs, si je vous disais : « Voulez-vous vous rendre responsable de l'avenir de mes enfants? » C'est cependant ce qui arriverait si vous me forciez à les envoyer à cette école. Vous hésiteriez sans doute avant de répondre oui, car vous auriez peur de charger votre conscience ; mais tranquillisez-vous : d'une part, je suis persuadé que votre décision sera prise de telle façon que je n'aurai pas à les envoyer tant que M. Salles ne se sera pas disculpé, et, d'autre part, s'il en était le contraire, je ne vous rendrai pas responsable de ce qu'il pourrait arriver en les y envoyant, car je le jure, Messieurs, je ne les y enverrai pas.

« Dans l'espoir que votre décision sera juste et équitable, je vous prie de vouloir bien agréer, etc.

« Signé : P. VIVARIÉ. »

—

3° NICOLAS BAPTISTE.

« Eberguent, le 9 juin 1893.

« Messieurs les Membres
de la Commission scolaire, Fedj-M'zala.

« Vous m'avez fait appeler pour vous donner les motifs qui m'ont fait retirer ma petite fille de l'école Salles.

« La seule raison se trouve dans les actes d'immoralité reprochés à l'instituteur. Ce n'est pas, croyez-le, par esprit de vengeance que j'ai agi ainsi ; vous devez savoir que je n'ai déposé que dans la quatrième enquête, pour ainsi dire lorsque je n'ai pas pu faire autrement. Il me répugnait d'être mêlé dans cette triste affaire, et j'ignorais du reste certaines charges accablantes qui pesaient sur M. Salles et sur la véracité desquelles il ne m'est plus possible de douter, étant donné ce que j'ai vu moi-même.

« Aujourd'hui, je n'ai plus qu'un regret, c'est de n'avoir pas retiré plutôt mon enfant d'une école où elle pouvait trouver de tels exemples d'immoralité.

« J'ai la conviction que vous approuverez ma conduite. Dans le cas contraire, qui de vous, Messieurs, oserait prendre la responsabilité de ce qui arrivera ?

« C'est pourquoi je viens vous demander de mettre M. Salles en demeure de se disculper par la voie des tribunaux ou de demander son changement.

« Veuillez agréer, etc.

« Signé : NICOLAS, Baptiste. »

4° REY, Xavier.

« Tiberguent, le 9 juin 18[...].

« Messieurs les Membres
de la Commission scolaire, Fedj-M'zala,

« Vous m'avez fait appeler pour me demander les motifs qui m'empêchaient d'envoyer mes enfants à l'école.

« J'ai l'honneur de vous faire connaître que j'ai les mêmes raisons que tous les autres pères de famille : les accusations d'immoralité qui pèsent sur l'Instituteur, et dont celui-ci persiste à ne pas vouloir se disculper. Etant donné ce que je sais et ce que m'a raconté mon fils Victor, je ne puis mettre en doute la culpabilité de cet homme, et lui confier encore mon dernier enfant, serait inqualifiable de ma part. Si vous vous trouviez dans le même cas, j'ai la conviction que vous tiendriez la même conduite que moi.

« Aussi vous serais-je reconnaissant, Messieurs, de vouloir bien faire mettre en demeure M. Salles d'avoir à se disculper des accusations infamantes qui pèsent sur lui ou de quitter notre village.

« Veuillez agréer, etc.

« Signé : REY. »

5° Marius VILLON.

(N'ayant pas été appelé, n'a pu déposer.)

La Commission scolaire, après délibération, émet un avis conforme aux vœux des pères de famille, s'avoir :

« L'Instituteur Salles doit se disculper par la voie des tribunaux, et les pères de famille peuvent donc garder leurs enfants chez eux jusqu'à cette disculpation. »

Le Président Arripe, qui a été forcé de soutenir Salles dans toutes ces vilaines histoires, s'est rangé de l'avis de la commission.

C'est à la suite de cette réunion que la lettre au Ministre (22 juin) a été publiée.

EXTRAIT

DES MINUTES DU GREFFE DE LA COUR D'ASSISES

DU

DÉPARTEMENT DE CONSTANTINE (ALGÉRIE)

—

République Française

—

AU NOM DU PEUPLE FRANÇAIS

—

ARRÊT :

L'an mil huit cent quatre-vingt-treize et le seize décembre,

La Cour d'assises de Constantine, réunie en audience publique au Palais de Justice, à Constantine, a rendu l'arrêt suivant :

Entre : 1° DEGRET, Victor-Claude,
2° VILLON, Marius,
3° VIVARIÉ, Pierre,
4° NICOLAS, Jean-Baptiste,
5° REY, Xavier.

Tous propriétaires demeurant à Tiberguent, canton de Fedj-M'zala, arrondissement de Constantine.

Prévenus d'avoir diffamé par la voie de la presse le sieur Salles, citoyen chargé d'un ministère de service public, partie civile ci-après nommée.

Opposants, suivant exploit de Weill, huissier à

Constantine, en date du 17 novembre 1893, à lexé-
cution d'un arrêt rendu contre eux, par défaut, le
14 octobre 1893.

Lequel arrêt les condamne chacun à un mois
de prison, deux cents francs d'amende et, solidairement, à payer à Salles la somme de mille francs
à titre de dommages-intérêts;

Assistés de M° Morinaud, avocat,

D'une part,

Et le sieur SALLES, Instituteur, demeurant à
Tiberguent;

Partie civile poursuivant et défendeur à l'opposition;

Assisté de M° Sterlin, avocat,

D'autre part.

En présence de M. le Procureur de la République,

Partie présente aux débats pour telles réquisitions que de droit,

Encore d'autre part.

La Cour :

Ouï les prévenus et leur défenseur;

La partie civile et son défenseur, en leurs explications et conclusions;

Ouï le Ministère public en ses réquisitions;

Après en avoir délibéré conformément à la loi.

Vu l'arrêt de défaut,

Vu l'exploit d'opposition, ci-dessus énoncé,

Vu l'ordonnance de M. le Président de la Cour
d'assises, en date de ce jour, prononçant l'acquit-
tement des prévenus;

Considérant que les prévenus Degret, Villon,
Vivarié, Nicolas, Rey, poursuivis à la requête de
Salles, partie civile, ont été acquittés,

Et qu'aux termes de l'article 308 du Code d'instruction criminelle, la partie civile qui succombe
doit être condamnée aux frais envers l'autre partie,

Par ces motifs,

Condamne Salles, partie civile, à payer aux nommés Degret, Victor (Claude), Villon (Marius), Vivarié (Pierre), Nicolas (Jean-Baptiste) et Rey (Xavier) la somme de cinq cent quatre-vingt-dix-neuf francs cinq centimes, montant des frais par eux exposés, en ce non compris le coût de la minute du présent arrêt, et des suites, s'il y a lieu;

Fixe à quatre mois la durée de la contrainte par corps.

Ainsi jugé et prononcé en audience publique les jour, mois et an que dessus, où siégaient Messieurs :

RONNOT, Conseiller à la Cour d'Appel d'Alger, Président;

DUMINY, Juge, et GIMÈS, Juge suppléant au Tribunal de première instance de Constantine, Assesseurs;

En présence de M. ROUBIÈRE, Procureur de la République;

Assisté de Mᵉ AMRAM, Commis-Greffier assermenté;

Et ont signé le Président, les Juges et le Greffier.

Signé à la minute :

RONNOT, Président,
DUMINY, Juge,
GIMÈS, Juge suppléant,
AMRAM, Commis-Greffier.

En marge de la minute du présent arrêt se trouve écrite la mention d'enregistrement suivante :

« Enregistré à Constantine, le 4 janvier 1894, « folio 46, case 8; reçu o fr. 83, d. compris.

« *Le Receveur* (Signé) : PIÉRI. »

En conséquence, le Président de la République française mande et ordonne à tous huissiers sur ce requis de mettre le présent arrêt à exécution :

Aux Procureurs généraux et aux Procureurs de la République près les Tribunaux de première instance d'y tenir la main ;

A tous, commandants et officiers de la force publique, de prêter main forte lorsqu'ils en seront légalement requis ;

En foi de quoi la minute du présent arrêt a été signée par le Président, les Assesseurs et le Greffier.

Pour Grosse certifiée conforme :

Le Greffier (Signé) : Illisible.

LETTRE

PARUE DANS "LE RÉPUBLICAIN" DU 12 AVRIL 1894

—

LE PROTECTEUR DES COQUINS

—

Tiberguent, le 7 avril 1894.

MON CHER RÉDACTEUR,

Puisque la question du jour est le cas du Juge Courtiès et, par suite, des protections scandaleuses dont Thomson se fait une spécialité, je vous adresse, ci-joint, copie d'une lettre qui a été envoyée, le 10 janvier dernier, au député cachir, au sujet du rôle joué par lui dans l'affaire Salles.

Inutile de vous dire que le dit Thomson s'est bien gardé de nous répondre. Nous n'en attendions pas moins d'un pareil individu, et, pour nous, le jugement de la Cour d'assises du 16 décembre 1893, n'est pas seulement une juste flétrissure infligée à l'Instituteur Salles, c'est aussi un magistral soufflet appliqué par la Justice française sur les joues de Thomson et autres souteneurs du triste fonctionnaire de Tiberguent.

A vous de tout cœur.

VALLET.

*
* *

Tiberguent, le 10 janvier 1894.

MONSIEUR THOMSON,

Lors de votre tournée électorale à Tiberguent, nous avons eu, vous et nous, une scène assez violente au sujet de votre protégé, l'Instituteur Salles. Il n'y a pas bien longtemps de cela, et nous avons encore en mémoire quelques phrases que vous avez prononcées au cour de la discussion.

Lorsque nous vous avons reproché de soutenir Salles qui, cependant, refusait de se disculper en poursuivant ses accusateurs, vous avez répondu : « *nous poursuivrons,* » comme pour bien nous montrer que vous faisiez cause commune avec le Salles en question.

L'un de nous vous a demandé si vous, qui êtes père de famille, consentiriez à confier vos enfants à un homme sur lequel planent d'aussi graves soupçons d'immoralité, vous avez dit : « Oui, sans hésitation. »

On vous a ensuite reproché de n'avoir pas répondu à une lettre que nous vous avions adressée, lettre dans laquelle on en appelait à votre impartialité, et où l'on vous demandait, non pas d'intervenir en notre faveur auprès de l'Autorité supérieure, mais d'user de votre influence pour qu'une solution prompte et équitable soit donnée à cette triste affaire et que le ou les coupables, l'accusé ou les accusateurs, soient punis comme ils le méritaient. Vous avez alors allégué que nous ne demandions pas assez en réclamant le changement de Salles (!!), et que si cet homme était réellement coupable, *il devait être brisé comme verre.*

Ce sont bien là, n'est-ce pas, vos propres paroles ?

Vous savez, maintenant, ce qui s'est passé depuis.

Le 16 décembre, cinq des nôtres étaient traduits devant la Cour d'assises de Constantine, par Salles, enfin mis en demeure d'avoir à se disculper. Dix-sept témoins venaient confirmer les actes monstrueux d'immoralité reprochés à ce précepteur de la jeunesse, et le Jury déboutait Salles, ancien instituteur congréganiste, de sa demande, et le faisait condamner aux frais.

La vérité éclatait au grand jour : la Justice française approuvait l'œuvre d'épurement que nous avions entreprise, flétrissant du même coup les pressions et les agissements honteux dont, depuis deux ans, nous étions les victimes, et dont le but peu avouable était de nous faire renoncer à une lettre essentiellement honnête.

Qu'en dites-vous ?

Il y a là, n'est-ce pas, de quoi faire réfléchir ceux-là mêmes qui étaient les plus prévenus en faveur de Salles ?

Eh bien non ; l'instituteur Salles, malgré le verdict écrasant des Jurés de Constantine, est revenu exercer dans notre village les fonctions qu'il déshonore, et le bruit court même ici que, grâce à votre protection, il pourra rester à Tiberguent autant qu'il le jugera convenable.

Nous attendons un démenti formel de votre part et, ce faisant, nous agissons dans votre intérêt, car vous ne pouvez pas ignorer l'impression fâcheuse que cause dans la région de Mila et ailleurs, votre immixion dans les affaires Salles et votre lutte contre toute une population.

Veuillez agréer, Monsieur Thomson, nos salutations bien sincères.

Ont signé : *Un Groupe de Colons*, VALLET, VERCHIER, VIVARIÉ, ROZIER, MENDRAS, MEUNIER, VILLON, Marius, MEUNIER fils, REY, GANDIER fils, SALVET, DEGRET. BIDEUX.